eビジネス新書

No.441

週刊東洋経済

岐路に立つ鉄道

開業150周年

西九州新幹線「かもめ」

週刊東洋経済eビジネス新書　No.441

岐路に立つ鉄道

本書は、東洋経済新報社刊『週刊東洋経済』2022年10月15日号より抜粋、加筆修正のうえ制作しています。情報は底本編集当時のものです。（標準読了時間　120分）

岐路に立つ鉄道　目次

・日本の鉄道150年の足跡……1
・【新幹線の光と影】西九州新幹線「期待と懸念」……7
・北海道新幹線延伸で紛糾する「貨物幹線」存廃議論……19
・実はこんなにある「新幹線計画」……31
・【在来線の危機】全国で多発「被災ローカル線」の命運……36
・「危機的状況」どうする赤字ローカル線……42
・高速道路が脅かす鉄道の存在意義……49
・鉄道駅より大人気な「道の駅」……55
・【鉄道の生きる道】「値上げ」に走る鉄道各社の事情……61
・鉄道会社だけに頼らない「存続」の道……67
・INTERVIEW「公と民間の役割分担が重要」（三日月大造）……71
・応募殺到！攻めに転じるファンイベント……75

・衰退か発展か、鉄道の「行き先」……………………82
・「イノトランス2022」世界の鉄道最前線……………………88
・INTERVIEW「日本に期待したいこと」（ウクライナ鉄道トップ）……………………96

近代化と経済発展を支えた大動脈

日本の鉄道150年の足跡

2022年10月14日の「鉄道の日」を控えた10月1日。福島県のJR只見駅は大勢の地域住民らでごった返し、「お祝いムード」に沸いていた。2011年の豪雨で被災し、不通が続いていたJR只見線・会津川口－只見間27・6キロメートルが復旧し、この日11年ぶりに会津若松－小出間の全線で運転を再開したからだ。

当日、新潟県の小出からやってきた上り会津若松行き始発列車は、予定どおり午前7時すぎに只見を出発。一方、会津若松6時08分発の小出行き1番列車は途中で車両が故障し、運休となってしまった。乗客は復旧区間を代行バスで通過し、続く9時05分発の運行再開記念列車も2時間以上遅れての運転となった。

再開初日から混乱に見舞われたものの、駅に集まった人々の表情は喜びにあふれていた。その笑顔は、たとえ利用者数の極めて少ない赤字路線であっても、鉄道が地域に根差した特別な存在であることを示していた。

急速に広がった路線

これほどまでに日本人の生活に深く根差した「鉄道」。その歴史は今から150年前、明治初期の1872年、新橋－横浜間の開業に始まった。次いで74年には大阪－神戸間が開業、しだいに路線は各地へと延びていった。

明治時代の蒸気機関車

撮影：尾形文繁

新幹線 が北海道に

撮影：今井康一

当初は官営で建設されたが、財政難の明治政府は私設鉄道の敷設を認め、現在の東北本線や山陽本線、北海道、九州の鉄道などが民間の手で開業。1990年度の鉄道総延長は官設鉄道が約880キロメートルだったのに対し、私鉄は約1360キロメートルと大幅に上回っていた。現在、全国的な鉄道網は国鉄の民営化によって誕生したJRが担っているが、黎明期の鉄道も民間が大きな役割を果たしていたのだ。

やがて、明治政府が富国強兵の名の下に近代化を推し進める中、鉄道は軍事的にも産業にとっても重要な存在となっていく。その流れの中で、1906年に私鉄を国が買収する鉄道国有法が成立。これ以降、1987年に国鉄が分割民営化されるまで、日本の全国鉄道網は国が担うこととなった。

一方で、大阪や東京などの大都市では都心と郊外を電車で結ぶ私鉄が勃興しつつあった。代表格は1910年に開業した現在の阪急電鉄の前身、箕面（みのお）有馬電気軌道だ。

同社を率いた小林一三氏は郊外沿線に住宅地を開発、都心へ電車で通勤するというライフスタイルを生み出すとともに、ターミナル駅にデパートを設けるなど、その後の大手私鉄のビジネスモデルを確立した。鉄道事業を核に不動産や小売りなど幅広い業種を展開する日本の大手私鉄は世界の鉄道業の中でも特異な存在で、日本特有の特徴の1つといえる。

赤字線問題の始まり

第2次世界大戦前までに大きな発展を遂げた日本の鉄道は、戦火によって甚大な被害を受けた。復興のさなか、1949年には日本国有鉄道（国鉄）が発足。それまでの国営から、国が出資する独立採算制の公共企業体として新たなスタートを切った。国鉄は短期間で戦前並みの輸送力水準へ復旧を果たし、64年に世界初の高速鉄道である東海道新幹線を開業した。最高時速200キロメートル超で走る新幹線は、世界的に斜陽化しつつあった鉄道の可能性を示し、高速鉄道時代を切り開いた。

だが、国鉄の斜陽化が始まったのもこのときだった。この年に初の赤字を計上して以来、経営は悪化の一途をたどり、その後黒字に復帰することはなかった。モータリゼーションの進展により、赤字ローカル線の問題が本格化したのもこの時期だ。

最近、ＪＲ各社は赤字路線の収支を公表し、厳しい運営実態が明るみに出ているが、半世紀前からすでに同様の問題は起きていた。６８年、国鉄諮問委員会は経営改善のため、「使命を終えた」８３線区・約２６００キロメートルを廃止すべきと提言した。

本格的な廃線の動きが広がったのは国鉄の末期だ。８１年、国鉄再建に向けてバス輸送への切り替えが適当とする「特定地方交通線」８３路線が選定され、９０年までに３８路線が第三セクター鉄道などに、４５路線がバスに転換された。

国鉄は１９８７年４月に分割民営化され、ＪＲ７社が発足。８８年には青函トンネルと瀬戸大橋が開通、９２年には東海道新幹線に最高時速２７０キロメートルの「のぞみ」が登場するなど、鉄道は一時期の低迷を脱した。また、北陸や九州、北海道新幹線の開業により、新幹線のネットワークは大きく拡大した。

だが今、コロナ禍によって鉄道はこれまで経験したことのない急激な利用減にさらされている。黒字路線の収益でカバーしてきたローカル線維持は困難になった。新幹線の延伸もプラスの側面以外に注目が集まる。開業から１５０年を迎える鉄道は岐路に立っている。

（小佐野景寿）

【新幹線の光と影】紆余曲折経て「離れ小島」で開業

西九州新幹線「期待と懸念」

計画決定から約半世紀、ついに長崎に新幹線がやってきた。2022年9月23日、西九州新幹線の開業日。長崎駅発の1番列車は、6時17分発の「かもめ2号」だ。

1カ月前に発売開始した指定席券はわずか10秒で売り切れた。真新しい車体の「か「かもめ」は、一日駅長を務める長崎県出身のタレント・長濱ねるさんらの出発合図で、早朝の長崎の街を後に走り出した。

車体の側面に光る行き先は「博多」。だが、この列車の本当の終点は所要時間30分足らずの武雄温泉駅だ。博多方面へは同じホームの向かい側に停まる在来線特急「リレーかもめ」に乗り継ぐ対面乗り換え方式となる。西九州新幹線は長崎 − 武雄温泉間約66キロメートルで新幹線としては全国一短く、ほかの新幹線ともいっさいつながっていない「離れ小島」の路線だからだ。

もともとは線路幅の違う在来線と新幹線を直通できる「フリーゲージトレイン（FGT）」により、武雄温泉－新鳥栖間は在来線、新鳥栖－博多間は九州新幹線（鹿児島ルート）経由で直通する計画だった西九州新幹線。武雄温泉－新鳥栖間の整備方式は未定だ。博多－長崎間の所要時間短縮効果は在来線時代と比べて30分程度。地域には新幹線効果への期待だけでなく、懐疑的な声や懸念も広がる。

長崎駅に到着した最後の在来線特急「かもめ」が回送されるのを見送る人々

歓迎に沸く沿線の街

歓迎ムードに沸くのは、新幹線開業が長年の「悲願」だった長崎県だ。大石賢吾知事は開業日の出発記念式典で「西九州新幹線の開業は、多くの方に長崎を訪れてもらい魅力を体感していただくチャンス。新幹線で長崎市を訪れた後、県内を周遊してもらいたい」と述べ、県内各地への観光誘客効果に期待する。長崎駅周辺では「100年に一度」といわれる大規模再開発が進行中。県は新幹線などJRを利用して県内を訪れる宿泊客数が、2022年から25年にかけて年間5万5000人増加するとの見通しを示す。

佐賀県の武雄市も新幹線開業効果に期待を寄せる。これまで在来線で1時間半かかった長崎まで約30分で結ばれるだけでなく、「リレーかもめ」の運転開始で博多への特急列車もほぼ倍増し、利便性が大幅に向上した。「今後、とくに力を入れていきたいのは移住・定住の促進」と、同市ハブ都市・新幹線課の担当者は話す。市は新幹線や特急を利用する県外への通勤者に定期券代を半額補助する制度を導入する予定だ。観光面でも、宿泊施設の開業やリフォームに対する補助制度を設けた。「リレー方式」

の乗り継ぎ駅となったことで、知名度向上にも期待する。

西九州新幹線の開業に伴い新設されたのは、新大村と嬉野温泉の2駅だ。新大村駅は、日本初の海上空港である長崎空港と、長崎自動車道の大村インターチェンジの間に位置する。真新しい駅舎の東側には広大な空き地が広がり、ファミリー層をターゲットにしたマンションや、商業施設が24年秋に完成する予定だ。在来線の大村線にも同時に駅が開業した。

大村市の園田裕史市長は開業前日の22日に開いた式典で、「長崎空港、高速のインターチェンジ、新幹線の新大村駅という高速交通『三種の神器』を兼ね備えた街になる。大村市だけでなく、県北地域、空港から離島にまでつながる長崎県全体の経済に及ぶ街づくりの拠点になりうるものと確信している」と強調した。

大村線には「大村車両基地駅」も開業した。市が設置費用を負担した請願駅で、その名のとおり西九州新幹線で唯一の車両基地に隣接する。同市は1970年以降、50年以上にわたって人口増加が続いている。その一翼を担っているのが車両基地のある市北部地域だ。園田市長は「宅地開発が進んでいて若いファミリー層が住んでいいる。駅ができることで住みやすい環境が整い、さらなる人口増加に寄与する」と新駅設置の狙いを語る。

嬉野温泉駅は唯一、在来線が通らない新幹線単独駅。嬉野市は「日本三大美肌の湯」とされる嬉野温泉や嬉野茶の産地を有する、佐賀県を代表する観光地の1つだ。駅西口は「温泉口」と名付けられた。ただし温泉街は徒歩で行くには遠い。市の担当者は「温泉街までの2次交通や、駅前で荷物を預かる手ぶら観光の整備が今後の課題だ。開業日を誕生日として、これから成長していくイメージ」という。村上大祐市長は「鹿島や太良といった有明海沿岸地域と広域の周遊ルートの提案など、地域連携を進めていきたい」と語った。

並行在来線の未来

一方、これまで博多と長崎を結ぶ在来線特急「かもめ」が1日当たり上下45本走るメインルートだった長崎本線の江北（佐賀県江北町）－諫早（長崎県諫早市）間は、新幹線の開業によって「並行在来線」となり、ローカル線へと一変。肥前浜（佐賀県鹿島市）－諫早間は非電化区間となり、通常はディーゼルカーの普通列車が走るのみとなった。

新幹線開業前日の夜、長崎本線沿線には、新幹線開業によって消える特急「かもめ」を見送る住民らの姿があった。肥前鹿島駅（鹿島市）には、夜10時すぎにもかかわらず、最終の「かもめ」を見送る人々が200人以上集まった。子ども2人と最終列車を見送りに来た30代の女性は「新幹線は自分たちには関係ない。（特急「かもめ」がなくなると）長崎や福岡へは車で行くことになると思う」。長年特急を利用してきたという70代の男性は「『かもめ』の名前が新幹線に移ってしまうのは残念。率直に言って新幹線にはクエスチョンマークがつく」と漏らした。

在来線「かもめ」の代わりとして博多－肥前鹿島間に登場した特急「かささぎ」は1日上下14本と大幅に本数が減少。3年後にはさらに減る予定だ。鹿島市の担当者は「これまでは博多へも長崎へも（特急「かもめ」で）1時間という点が売りだった」といい、今後は利便性がこれ以上低下しないよう要望していきたいと話す。江北－諫早間は今後23年間、上下分離方式でJRが運行を継続することになっているが、同市の松尾勝利市長は「われわれが利用しなければ、23年という保証は必ずしもあると思っていない」と危機感を示す。

期待が持てるのは、JRが新幹線開業と同時に同線などで運行を開始した観光列車「ふたつ星4047」だ。今後は、沿線自治体の連携による観光振興が課題となる。

一方、西九州新幹線が「離れ小島」である理由の武雄温泉－新鳥栖間については、整備方式そのものが決まっていない。国やJRはフル規格での建設を求めているが、所要時間短縮効果が薄く、フル規格新幹線の建設費を負担するメリットがない佐賀県は、同区間について在来線の活用を前提として新幹線整備に合意したというスタンスだからだ。

福岡市と長崎市を結ぶ九州新幹線西九州（長崎）ルートは、北陸や北海道新幹線などほかの4路線とともに、1973年に整備計画が決定された。建設に至る経緯に大きく関連しているのが、1969年に進水した原子力船「むつ」だ。同船は青森県むつ市の大湊港を母港としていたが、洋上での放射線漏れ事故で地元が帰港を拒否。そこで受け入れを表明したのが長崎県だった。県は1978年、佐世保で同船を受け入れる代わりに、新幹線の着工が「ほかの4路線に遅れないこと」とする念書を自民党と交わした。

このような事情もあり、1985年に当時の国鉄が示した案は佐世保市の早岐（はいき）を経由するルートだった。だが87年、JR九州は同ルートでは収支改善効果が表れないと表明。そこで佐世保市を経由せず大村、諫早を経て長崎へ至る案が浮上し、武雄温泉から長崎方面へは新幹線規格のインフラを建設したうえで博多－長崎間に高速の在来線特急を走らせる「スーパー特急」方式を採用する方針となった。佐世保市にとっては酷な判断だった。

その後打ち出されたのがFGTの導入だ。武雄温泉－長崎間はフル規格の新幹線を建設し、武雄温泉－新鳥栖間は在来線を経由する計画で、2012年に着工が認可された。だが、FGTは車軸摩耗などのトラブルが相次ぎ、改良を加えてもコストがかさむことからJRや国は導入断念を表明。西九州新幹線はリレー方式で開業することになった。

FGT フリーゲージトレイン

新幹線と在来線を直通できる車両として開発されたが、国やJRは導入断念を表明

佐賀県の主張は

「本当なら、今日はフリーゲージトレインが走ってすべて議論が終わるはずの日だった」。佐賀県の山口祥義知事は新幹線開業日の23日、肥前鹿島駅前で開催されたイベントの会場での取材にこう語り、「(新幹線開業が悲願の)長崎県のことも考えつつ、佐賀県内は在来線経由というのがぎりぎりの判断だったと思う。それを後から国ができませんと言って佐賀県に負担を強いるのは、筋が違うんじゃないか」と訴えた。

県は2020年から国土交通省と、武雄温泉－新鳥栖間の整備方式について、フル規格ありきではない「幅広い協議」をこれまで6回行った。俎上に載ったのは当初案だったスーパー特急、現行のリレー方式、FGT、ミニ新幹線、そしてフル規格新幹線の5つだ。同協議の県側担当者である地域交流部の山下宗人部長は、前者3つについてはこれまでに合意済みで異論はないといい、この中でリレー方式の乗り換えを解消する方法としてFGTの可能性を提案する。FGTについて山下部長は、「国は実用化に向けた改善のロードマップを作ったところで終わっている。技術評価委員会も開発が困難という判断はしていない」と説明し、「そもそもFGTは国が責任を持って開発するとしており、その維持コストが問題でフル規格にするというなら、費用を佐賀県に転嫁するということになる」と強調。そのうえで、「時速260キロメートル耐久走行では摩耗が確認されたが、その後の対策で大幅に改善されており、時速200キロメートルならクリアできていたのではないか。新たな対策も示されており、それなら時速260キロメートルも可能では。ましてや時速200キロメートルなら」

協議ではフル規格についての議論もある。ただ、国は旧国鉄が環境アセスメントを実施した佐賀駅を通るルートを推すのに対し、県は在来線と完全に並行し、特急廃止や経営分離の懸念がある同ルートは考えられないとする。県は幅広い協議の場で同ルート以外に北側、南側を通るルートの比較検討を提案したが、これもフル規格はあくまでゼロベースで議論を進めるべきだとの考えからで、フル規格容認の姿勢を示しているわけではない。協議は今後も続く見込みだが、着地点は見えない。

乗り換えが必要な「リレー方式」がいつまで続くかわからない、離れ小島の新幹線。その経緯は、新幹線が地域の期待や利便性向上といった範疇を超え、政治に翻弄されてきたことを示している。

（小佐野景寿、橋村季真）

北海道新幹線延伸で紛糾する「貨物幹線」存廃議論

北海道新幹線では2031年春の新函館北斗－札幌開業に向けた準備が進む。その中で議論が空転しているのが、並行在来線、函館－長万部の存廃だ。

札幌延伸に伴って函館線の函館－長万部－小樽の約288キロメートルがJR北海道の経営から分離される。このうち長万部－小樽の140・2キロメートルはほとんど乗客が見込めないことから、2022年3月に地元の並行在来線対策協議会（後志ブロック）で廃線が決まった。

一方、函館－長万部（147・6キロメートル）は札幌や道東、道北に向かう貨物列車が1日51本も走行する物流の幹線でもある。

2022年8月31日、1年4カ月ぶりに並行在来線対策協議会（渡島ブロック）

が函館市内で開かれ、函館－長万部のあり方が議論された。協議会で道庁は、貨物列車のために勾配を緩やかにした藤城支線などをJR北海道から引き継ぐ資産から外し、収支を改善させる案を示した。

運輸収入では運賃の30％値上げなども織り込み、初年度から30年間の収支は当初見込みの944億円の赤字から816億円の赤字に圧縮された。この試算には年間約40億円（30年間で約1210億円）に上る貨物列車からの線路使用料も含まれている。

ただJR貨物関係者は、「協議会は旅客列車に必要ない藤城支線を外したが、貨物には勾配の緩い藤城支線は必要不可欠。廃線になれば、別のルートを走行することになるが、勾配がきつく、貨車を減らすか機関車をもう1台付けて後ろから押すしかない。運行には著しい支障が生じる」と話す。

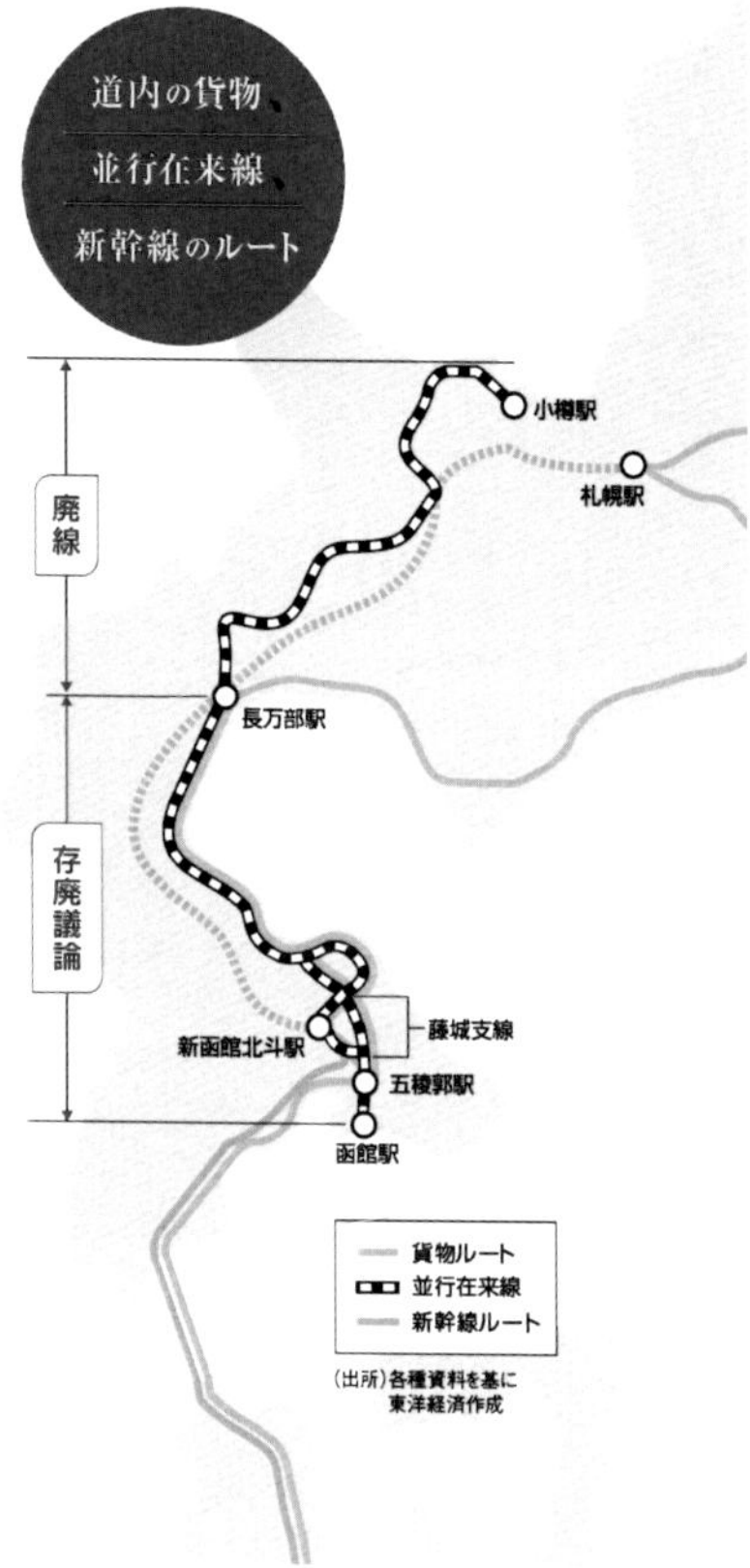
道内の貨物、
並行在来線、
新幹線のルート
小樽駅
札幌駅
廃線
長万部駅
存廃議論
藤城支線
新函館北斗駅
五稜郭駅
函館駅
貨物ルート
並行在来線
新幹線ルート
(出所)各種資料を基に
東洋経済作成

ライナーは存続が大勢

協議会はもともと「地元の足」である旅客列車のあり方を協議する場であって、「貨物をどうするかは国と道が協議すべき問題」（沿線自治体）という立て付けだ。

一方、新幹線との接続線である「はこだてライナー」（新函館北斗－函館）については、協議会でも存続を望む声が相次いだ。つまり、沿線自治体として関わるのは、新函館北斗－函館（17・9キロメートル）だけで、それ以外の区間（藤城支線や新函館北斗－長万部）を維持するなら「国と道の責任で」ということだ。

協議会は「収支をさらに精査する」という話で終わったが、今後は「はこだてライナー」についても、「電車のままでの存続か、ディーゼルに戻すのか」という論点が出てくるかもしれない。

というのも、「はこだてライナー」の走行区間では貨物列車はディーゼル機関車が牽引しており、架線などの電気施設を使用していない。旅客列車の運行についても、巨額の費用がかかる電気施設を引き継がず、ディーゼル車を走らせたほうが合理的だ。

ただ、新函館北斗－五稜郭（14・5キロメートル）は新幹線の新函館北斗開業時期に合わせて2016年に電化されたばかりだ（函館と隣の五稜郭の間は青函トンネル開業時に電化）。ここにきて、赤字圧縮のためにライナーを非電化に戻すことになるのかは、今後の焦点の1つになるだろう。

しかし、それ以上に問題なのは、やはり貨物列車をどうするかだ。新函館北斗－函館が残っても、それ以外（新函館北斗－長万部）が廃線となれば、貨物列車は北海道のほとんどの地域を走れなくなり、影響は全国に波及する。JR貨物の犬飼新社長は、「（北海道の付け根に当たる路線の廃止で）北海道と本州間の鉄道がなくなってしまうと、ネットワークが縮小し、鉄道貨物がシュリンクしていく懸念がある」と危機感をあらわにする。

東北発着の貨物量は少なく、鉄道ネットワークは北海道までつながっていることで成り立っている。北海道と本州間の路線が切れると、仙台以北の鉄道貨物が消滅してしまう可能性すら出てくる。青森県や岩手県の並行在来線の経営にも直結する問題だ。

こうした状況から、「函館 − 長万部の廃線はありえない」（道内物流事業者）という考え方は浸透しているが、国土交通省はこれまで、「並行在来線は地元の問題。北海道の農産物をどう運ぶかを含め、まず道庁が意思を示すべきだ」（鉄道局幹部）という姿勢を一貫して取ってきた。

一方、道の鈴木直道知事は、「（鉄道貨物は）わが国全体の経済、暮らしを支えるうえで不可欠な輸送モード。全国的な貨物ネットワーク維持の観点から、国が中心となって検討を行うものと考えている」とのスタンスだ。

JR北海道は経営分離後の在来線の経営に関与する意思はなく、JR貨物も「われわれが線路を保有して列車を運行する仕組みになっていない。その資金もない」（幹部）との立場だ。議論は堂々巡りが続いてきた。

しかし、国交省はついに「現状を放置すれば、本当に函館 − 長万部が存続できなくなる」（鉄道局幹部）との危機感を持ち、国と道、JR北海道、JR貨物の4者で本格的な協議に入ることになった。協議入りの時期は未定だが、公的セクターが線路を保有し、民間が列車を運行させる「上下分離」などの枠組みや費用の分担が主なテーマになる。

こうした運行スキームとは別に、議論が停滞してきたもう1つの背景に「貨物調整金」の財源が定まっていないことがある。

貨物調整金とは、国の外郭団体「鉄道建設・運輸施設整備支援機構」(鉄道・運輸機構)からJR貨物を通して並行在来線の運営会社に支払われる助成金だ。

貨物列車が走る並行在来線の運営会社は線路使用料収入が収益の大半を占めるところも多い。そして、線路使用料の9割以上を支えているのが年間約130億円に上る貨物調整金だ。つまり、貨物調整金なしには並行在来線の維持はままならないのだ。

ところが、その貨物調整金は、2031年度以降の財源が不透明だ。

営業収益の大半を線路使用料が占める

貨物列車が走る並行在来線一覧

運営第三セクター	開業年月	区間	営業キロ (km)	2019年度 営業収益 (億円)	2019年度 線路使用料 (億円)
しなの鉄道	1997年 10月 2015年 3月	軽井沢 ー 篠ノ井 長野 ー 妙高高原	102.4	43.0	5.2
青い森鉄道(運行) 青森県(線路管理)	02年 12月 10年 12月	目時 ー 八戸 八戸 ー 青森	121.9	55.4	39.1
IGRいわて銀河鉄道	02年 12月	盛岡 ー 目時	82.0	44.7	26.6
肥薩おれんじ鉄道	04年 3月	八代 ー 川内	116.9	16. 1	10.5
えちごトキめき鉄道	15年 3月	妙高高原 ー 市振	97.0	36. 0	22.3
あいの風とやま鉄道	15年 3月	市振 ー 倶利伽羅	100.1	57. 4	20.7
IRいしかわ鉄道	15年 3月	倶利伽羅 ー 金沢	17.8	23.6	4.9
	24年 3月(予)	金沢 ー 大聖寺	46.4	―	―
道南いさりび鉄道	16年 3月	木古内 ー 五稜郭	37.8	17.9	13.9
ハピラインふくい	24年 3月(予)	大聖寺 ー 敦賀	84.3	38.7 (24年度)	17.2 (24年度)

(注)青森県の線路使用料は青い森鉄道の支払いを含む。ハピラインふくいの営業収益、線路使用料は福井県並行在来線経営計画による　(出所)各社資料・取材を基に東洋経済作成

貨物調整金財源は3択

貨物調整金の財源は、整備新幹線のＪＲへの貸付料や、鉄道・運輸機構の特例業務勘定（ＪＲ株の売却益、分割払いされる新幹線の譲渡代金など）からの繰入金で賄われる。ただ、貸付料は北陸新幹線の延伸工事費増加分の穴埋めなどに回され（２１〜３０年度）、政府・与党の申し合わせでも、２０３１年度以降は貸付料からの拠出は行わないことになっている。

貨物調整金の仕組み

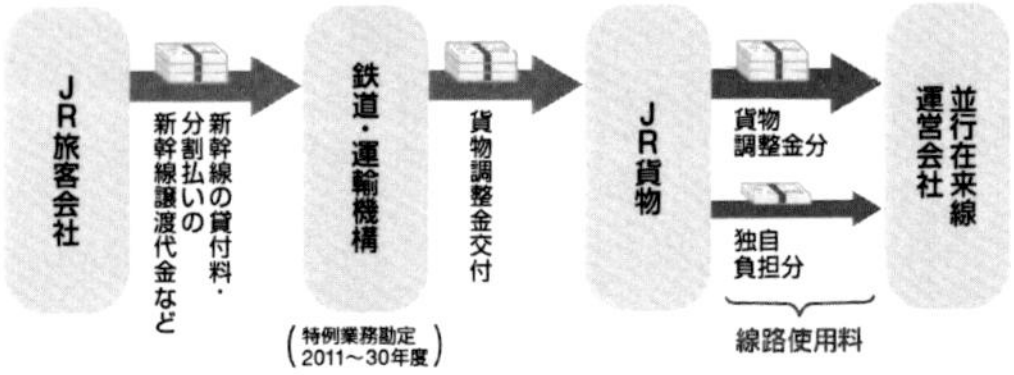

(出所)国土交通省資料を基に東洋経済作成

実は、2031年度以降の貨物調整金の財源については、2015年の政府・与党の申し合わせで3つの選択肢が示されている。①JR貨物の負担、②特例業務勘定からの繰り入れ継続、③一般財源化の3択だ。

しかし、JR貨物の2021年度の連結経常利益はわずか2億円。直近で最も業績のよかった17年度でも同104億円だ。年間130億円近い貨物調整金を負担できる経営状況ではない。

また、旧国鉄職員の年金支払いに充てられる特例業務勘定は、年金の支払いが終わる2062年ごろに終了する。毎年度の収支も不安定で、1兆円超の利益剰余金は国庫返納が基本とされる（2010年9月会計検査院報告書）。北陸新幹線沿線からは剰余金を新幹線建設促進の財源として活用するよう要望も出ている。安定財源とはいいがたい。

残る選択肢は一般財源化か、あるいは、政府・与党の申し合わせにはないが、貨物列車を利用する荷主の負担という考え方もある。

結局、こうした大がかりな議論を経なければ、貨物調整金の財源問題は解決しない。国交省鉄道局のある幹部は、「貨物調整金の財源をどうするかは、鉄道貨物のあり方そのものの問題だ」と話す。こうした事情のあおりを受けるのが北海道の並行在来線問題だ。

2022年5月、道などが毎年国に提出している鉄道関連の要望の中で、「将来の貨物調整金のあり方が不透明な中では、北海道新幹線札幌開業後における並行在来線の地域交通確保の見通しが立てられない」と初めて記載した。8月の協議会では「貨物調整金は現行どおり」との前提で各種試算を行う苦肉の策を取った。

さらに議論を複雑にしているのが、首都圏と札幌を結ぶ貨物新幹線構想だ。本当にこれが実現すれば、そもそも在来線の貨物列車が不要になる可能性も出てくる。

今後、4者協議と貨物調整金などの議論は並行して進んでいくが、こうした複雑なパズルのピースがそろって初めて、函館 – 長万部の存廃問題に決着がつく。残された時間は長くはない。

（森　創一郎）

実はこんなにある「新幹線計画」

2024年春に開業予定の北陸新幹線金沢－敦賀間や2030年度末の開業を目指して工事が進む北海道新幹線の札幌延伸など、各地で工事が続く新幹線。だが、現在建設中の路線以外にも全国に新幹線計画は存在する。「基本計画線」と呼ばれる路線だ。

新幹線の建設は「全国新幹線鉄道整備法」に基づいており、まず路線の基本計画を定め、次いで整備計画を決定し、その後建設に着手する。現在建設中の各線はリニア中央新幹線を除き、1973年に整備計画が決定された「整備新幹線」。これら各線の完成が見えつつある中、基本計画線をめぐる動きが各地で活発化しつつある。

実現に向けた要望活動などがとくに目立つのは四国だ。基本計画線としては大阪市から徳島・高松・松山市付近を経て大分市へ至る「四国新幹線」と、岡山市から高知市への「四国横断新幹線」の2つがあるが、四国4県の政財界関係者でつくる「四国新幹線整備促進期成会」が掲げるのは、4県の県庁所在地を結び、本州へは瀬戸大橋経由で岡山に通じるルート。2つの基本計画線を組み合わせた形だ。

四国が新幹線実現へ活発な動きを見せる背景には、全国で唯一、新幹線網から取り残されているという危機感がある。運営主体として想定されるJR四国も前向きの姿勢を示す。期成会による14年の基礎調査結果では概算事業費は1・57兆円。1を超えれば投資効果があるとされる費用便益比（便益÷費用）は1・03との試算だ。

全国の新幹線「基本計画線」

路線名	区間
北海道	札幌市－旭川市
北海道南回り	長万部町－室蘭市付近－札幌市
羽越	富山市－新潟市付近－秋田市付近－青森市
奥羽	福島市－山形市付近－秋田市
北陸・中京	敦賀市－名古屋市
山陰	大阪市－鳥取市付近－松江市付近－下関市
中国横断	岡山市－松江市
四国	大阪市－徳島市付近－高松市付近－松山市付近－大分市
四国横断	岡山市－高知市
東九州	福岡市－大分市付近－宮崎市付近－鹿児島市
九州横断	大分市－熊本市

(注)区間はいずれも詳細未定　(出所)国土交通省資料などを基に東洋経済作成

奥羽はトンネルに期待

福島市から山形市付近を経て秋田市へ向かう奥羽新幹線、富山市と青森市を結ぶ羽越新幹線は、山形県が積極姿勢を示している。同県は2016年、県関係国会議員や市町村などによる「山形県奥羽・羽越新幹線整備実現同盟」を立ち上げた。山形・秋田にはすでにミニ新幹線があるが、試算によるとフル規格の奥羽新幹線の場合、東京－山形間の所要時間は現在より46分短い1時間40分、東京－秋田間は74分短縮の2時間23分となる。事業費は奥羽・羽越両新幹線を整備した場合で約4兆～5・35兆円。費用便益比は整備方式により0・47～1・08だ。

現行の山形新幹線には、福島－米沢間に全長約23キロメートルの新たなトンネルを整備する構想がある。カーブや勾配が連続し、積雪などの影響を受けやすい山岳区間を短縮するのが目的で、JR東日本の調査によると概算事業費は1500億円。山形県とJRは22年度から地質調査を始める予定だ。県はこのトンネルをフル規格サイズで建設することで、奥羽新幹線実現への足がかりにしたいとの考えがある。

2022年9月に2路線目の新幹線として西九州新幹線が開業した九州には、福岡市から大分市・宮崎市付近を経て鹿児島市へ至る「東九州新幹線」の構想もある。調査結果によると整備費用は約2兆6730億円で、費用便益比は国の人口推計を基にした場合で1・07。時間短縮効果は大きく、大分－宮崎間は現行の在来線特急と比べて2時間21分短い48分となる。ただ、四国や奥羽・羽越に比べると、動きはそれほど活発ではない。

基本計画線をめぐる動きは各地各様だが、計画決定は今から約半世紀前の1973年。時代の変化を踏まえ、本当に必要かどうかをよく見直す必要もありそうだ。

（小佐野景寿）

全国で多発「被災ローカル線」の命運

ＪＲ肥薩線の瀬戸石駅があったはずの場所では、ホームは流失して駅は跡形もない。めくれ上がった状態の線路が連なるのみだ。２０２０年7月3～4日の豪雨による球磨川の氾濫で、肥薩線の八代－吉松間は致命的な損害を被った。橋梁や築堤の崩壊、駅ホームの流失など被害件数は４４８件に及ぶ。無残な姿はそのままだ。

熊本県は肥薩線の早期復旧を目標として掲げている。国もその姿勢を後押しする。利用者のことを考えれば一刻も早く復旧されるべきだが、復旧作業はＪＲ九州が単独で進められるとは限らない。例えば、将来の豪雨に備えた治水対策が定まらないことには橋梁の復旧作業に着手できない。２０２１年末、球磨川水系の治水対策がようやくまとまり、国と県は肥薩線の復旧方法と復旧後のあり方に関する検討会を

2022年3月に立ち上げた。JR九州もそこに参加している。

復旧費用の総額は235億円。JR九州には重い負担だ。もっとも、国は橋梁や線路の復旧を河川事業、道路復旧事業と連携した公共事業とすることを提案しており、その場合のJR九州の負担額は76億円に減額される。さらに法に基づく災害復旧補助制度や自治体が線路や駅舎などのインフラを所有する上下分離スキームを活用すれば、JR九州の最終的な負担額は25億円まで軽減される。

これだけ手厚い支援策が示されているにもかかわらず、JR九州は復旧に慎重だ。その理由は肥薩線の収支である。2019年度における八代－吉松間の収支は営業収入3億円に対して、営業費用は12億円。つまり9億円の赤字だ。

同区間の利用者は減少の一途をたどる。現在の利用者数は1987年のJR九州発足時点のわずか5分の1まで減ってしまった。瀬戸石駅の利用者にしても1日平均で1人。2019〜20年に通学定期利用者が1人いたが、この利用者がいなくなった後、この駅の存在意義ははたしてどうなるか。

もちろんJR九州は利用促進に向けた手段を講じてきた。球磨川沿いという風光明媚な車窓風景を売り物として観光客の利用増を図っている。2009年の「SL人吉」、13年の「ななつ星in九州」、2017年の「かわせみ　やませみ」など観光列車を運行開始した年は一時的に利用状況が好転した。しかし、その効果は持続せず翌年にはまた減少に転じている。

この状況を考えると、このまま復旧しても利用状況が好転しない限り赤字額は累積的に膨らみ、いずれ立ち行かなくなる。せっかく国や自治体が復旧費用の9割近くを負担してもそれが無駄になる。「仮に復旧してもその後どうやって維持していくかを慎重に考えていく必要がある」とJR九州の上符友則地域戦略部長は話す。

災害で不通になった主なJR地方路線のその後

会社名	路線名	区間	原因	結果
JR北海道	日高線	鵡川―様似	2015年1月高波	21年廃止
JR東日本	岩泉線	茂市―岩泉	10年7月土砂崩れ	14年廃止
JR東日本	山田線	宮古―釜石	11年3月東日本大震災	19年三陸鉄道に移管
JR東日本	大船渡線	気仙沼―盛	11年3月東日本大震災	13年BRTで運行再開
JR東日本	気仙沼線	柳津―気仙沼	11年3月東日本大震災	12年BRTで運行再開
JR東日本	只見線	会津川口―只見	11年新潟・福島豪雨	22年上下分離で復旧
JR九州	日田彦山線	添田―夜明	17年九州北部豪雨	23年BRTで運行再開予定
JR九州	久大本線	光岡―日田	17年九州北部豪雨	18年復旧
JR九州	肥薩線	八代―吉松	20年7月豪雨	協議中

（出所）取材を基に東洋経済作成

被災後の運命は?

台風や豪雨など自然災害の回数も規模も増したと感じる人は少なくないだろう。実際、自然災害により鉄道が被災する例が相次いでいる。2022年8月3日の記録的な豪雨で東北地方にあるJR東日本の多くの路線が被災した。現在も磐越西線、五能線、津軽線、米坂線などの一部区間で列車の運休が続く。復旧や運転再開時期の見通しが立たない区間も少なくない。

新幹線のように交通の大動脈と位置づけられる路線は被災しても復旧される。しかし、利用者が少なく赤字の大きい路線は災害による運休後、復旧費用がネックとなり復旧することなく廃止となった例は数多い。2010年の土砂崩れで運休した岩泉線や2015年の高波で線路が被災した日高線・鵡川―様似間などがその例だ。

2011年の東日本大震災で被災した大船渡線・気仙沼―盛間と気仙沼線・柳津―気仙沼間は、鉄道の代わりにBRT(バス高速輸送システム)で復旧された。バスの機動性を生かして運行本数を増やしたことで、利用者には好評だ。17年の豪雨で被災した日田彦山線・添田－夜明間も23年夏にＢＲＴで復旧する予定だ。

　一方で、あくまで鉄路にこだわり、復活にこぎ着けた路線もある。東日本大震災で被災した山田線・宮古－釜石間はＪＲ東日本に代わって第三セクターの三陸鉄道が運営を引き継いだ。そして、２０１１年の豪雨で被災した只見線・会津川口－只見間。こちらは国、福島県、沿線自治体が復旧費用の3分の2を負担しただけでなく、県が線路を保有し、ＪＲ東日本が列車を運行する上下分離方式で１０月1日、１１年ぶりに運行再開した。ただ、施設・設備の維持管理費用は県と地元自治体が負担する。その額は年間およそ3億円で決して小さくない。それでも地元が鉄路を維持する決断をしたのは、只見線が地域住民の生活の足であり重要な観光資源だと考えたからだ。

　ひとたび自然災害で鉄道が被災すると、地元自治体は鉄道を存続させるのか、廃止するのかという選択をいや応なしに迫られる。普段から地域公共交通のあり方について鉄道会社と地元自治体の間で密なコミュニケーションを図っておくべきだ。

（大坂直樹）

「危機的状況」どうする赤字ローカル線

岡山県の備中神代と広島を結ぶJR西日本の芸備線は、全国でもとくに赤字の大きい路線として知られる。山あいを走る東城 ― 備後落合間の利用者（平均通過人員＝1日1キロメートル当たりの平均利用者数）はわずか11人（2019年度）。1日3往復なので、単純計算すると1本の列車に3～4人しか乗っていないことになる。

本当に乗客がそんなに少ないのか。6月のある日、実際に乗車して確かめてみた。備中神代を出発した時点で乗車していたのは9人。うち3人は鉄道ファンとおぼしき2人と記者だ。その後、停車駅ごとに乗客が下車し、東城で乗車していたのは7人だった。その後も1人、2人と乗客が乗ったり降りたりしながら、備後落合に到着したときの乗客数もやはり7人。地元の乗客は4人ということになる。

JR西日本のローカル線、木次線と芸備線が乗り入れる備後落合駅

備後落合からさらに乗り進むと、塩町で40人近い生徒が乗車した。おそらく下校時の高校生だろう。その後は停車駅ごとに生徒たちが下車し、三次に着く頃には乗客は18人に減った。しかし終着の広島に近づくにつれじわじわと乗客数は増え、広島到着時に乗客数は50人を超えていた。同じ芸備線でも線区によって利用状況は大きく異なる。通学利用が多い区間や広島近郊区間では鉄道が欠かせない。

「ローカル鉄道を取り巻く危機的状況が解消されるものではなく、これ以上の問題先送りは許されない」。鉄道会社と地域が共同で公共交通のあり方を考える国の検討会が7月25日に公表した提言には、厳しい言葉がいくつも並んだ。

利用客が年々減少する中、JR各社はコスト削減で収支悪化をしのごうとしたが、運行本数減による利便性低下が利用者減に拍車をかける。これは全国の赤字ローカル線の多くが陥っている負のスパイラルだ。地方路線の利用者が減る理由はいくつもある。沿線人口の減少や少子化による通学需要の減少、さらに、道路整備が進んだことによる高速バスとの競合とマイカー利用の進展だ。地方に行くほど1世帯当たりの自動車保有台数が多いのは統計からも明らかだ。

地方の中小私鉄には各種補助金など路線維持のための国の支援策があるが、JRには基本的にはない。国鉄分割民営化時に赤字路線を維持する仕組みが整えられたからだ。JR本州3社（東海、東日本、西日本）では都市部の通勤路線などの黒字で地方路線の赤字を埋めるという内部補助方式が採用された。一方、経営基盤の弱いJR「三島会社」（北海道、四国、九州）は国から付与された経営安定基金の運用益で赤字をカバーすることになった。本州3社は不動産など非鉄道事業を拡充して、地方路線の赤字を補うどころか、連結ベースの利益を大きく増やした。だが、三島会社の基金運用益は低金利で激減。JR九州は不動産などの事業で持ちこたえるが、JR北海道とJR四国は苦境続きだ。

経営が好調だった本州3社もコロナ禍で状況が悪化。赤字路線を維持する余裕がなくなった。そのため、先行して路線別収支を公表してきた三島会社に続き、2022年4月11日にJR西日本、7月28日にはJR東日本が平均通過人員2000人未満の線区について収支の公表に踏み切った。国鉄時代、利用者2000人未満の線区は大量輸送という鉄道の特性を発揮できないとして、多くがバスに転換ないし第三セクター鉄道に移管された。「2000人未満」とはそうしたレベルの数字であり、どの線区も深刻な赤字だ。

赤字ローカル線を維持するためには鉄道会社と地方自治体の連携が不可欠。そのため、2007年に地方自治体が主体となり地域の公共交通を維持する役割を果たすことを目的とした地域公共交通活性化再生法が制定された。この法律は地域の主体的取り組みや創意工夫によって公共交通を活性化することを求めているが、JRと地域の間で地域の公共交通に関する話し合いが継続的に持たれている線区は決して多くはない。あるJRの担当者は、「自治体に話し合いをしたいと提案すると、線区の廃止を前提としていると受け止められ、応じてもらえない」と明かす。

3年以内で合意を

自治体側にも言い分はある。現行ルールでは鉄道会社は路線の廃止を1年前までに国に届け出ればよい。ただし、届け出の前に地元と協議を行い理解を得るのが前提だ。そのためJRが「廃止を前提とせず協議したい」と申し出ても、自治体側は、「協議開始は廃止の第一歩」と受け止め、協議入りを拒む。だが、それは現実から目を背けた問題の先送りだ。放置しておけば事態はさらに悪化する。

今回、国の検討会が出した提言は、そうした状況の打開を図るためのものだ。平常時の平均通過人員が「1000人未満」の線区において、鉄道事業者や沿線自治体が要請すれば、国が主導して新たな協議会を設置する。1000人未満とはJR各社が公表している2000人未満よりもさらに深刻な路線であり、事態の打開が急がれる。協議会では鉄道の存続策、あるいは廃止する場合の代替交通などが検討される。「協議開始後、最長でも3年以内に沿線自治体と鉄道会社は対策で合意してほしい」と国土交通省の田口芳郎・鉄道事業課長は話す。

この協議では、地域の現状にふさわしい公共交通のあり方が議論されるが、そこに街づくりの発想を取り入れる例もある。例えば、茨城県のひたちなか市は市内の5小中学校を統合し、第三セクターのひたちなか海浜鉄道の近くに新たな学校を造るとともに新学校の前に新駅を設置した。これによって、通学の利便性が高まると同時に鉄道利用者も大きく増えた。

必要なのは自治体の努力だけではない。新潟県の第三セクター、えちごトキめき鉄道の鳥塚亮社長は「ＪＲの出した数字を鵜呑みにしてはいけない」と警鐘を鳴らす。他社の成功事例などと比較しながらＪＲ側も収入増や経費節減の余地がないか精査すべきだという。ＪＲと各自治体はローカル線のあり方をこれまで以上に真剣に考えなくてはいけない。放置しておくと、そのツケを払わされるのは将来の利用者だ。

（大坂直樹）

高速道路が脅かす鉄道の存在意義

東海道新幹線とほぼ同時期に開業し、その後日本各地へと路線を延ばした高速道路。今やその総延長は９０００キロメートルを超え、ＪＲ線の総延長約２万キロメートルの半分に迫る勢いだ。モータリゼーションの進展とともに鉄道離れが進んだ地方では、都市間交通の主力は高速道路だ。マイカーだけでなく、高速バスも鉄道を脅かす存在となっている。

「観光のためにも鉄道はぜひ復旧してほしい」。２０２０年夏の豪雨で被災し不通が続くＪＲ肥薩線沿線のタクシードライバーの言葉だ。ただ、日常の移動は基本的に車だという。「移動自体は高速道路があるので……。若い人は高速バスを使っている」。国土交通省のデータによると、２０年度の九州自動車道八代ジャンクション－人吉インターチェンジ（ＩＣ）間の１日平均通行台数は約２万２０００台。人吉ＩＣバス停を経由して八代方面へ向かう高速バスは約20往復ある。一方、被災前の肥薩線八代－人吉間の運行本数は観光列車を除くと9往復。列車に乗ることや風景を楽しむ観光客は別として、日常生活での移動は高速道路が主体となっているのがわかる。

全国初の高速道路（高速自動車国道）が開通したのは東海道新幹線開業前年の1963年7月、名神高速道路の栗東IC－尼崎IC間71・1キロメートルだった。その後、65年には同高速道路、69年には東名高速道路が全線開通。73年度末には総延長が1200キロメートルを超え、本格的なハイウェー時代が到来した。

ほぼ同時期に、それまで国内旅客輸送シェアの王座にあった鉄道の地位は低下していった。1960年度に76％だった鉄道の旅客輸送シェアは、10年後の1970年度には49％まで低下。同時期に乗用車などのシェアは5％から31％に急増した。当時は高度経済成長期で鉄道の旅客数も増加が続いていたものの、モータリゼーションの進展がそれを上回った。自動車の旅客輸送シェアが国鉄と逆転したのは68年度、私鉄などを含む鉄道全体と逆転したのは1979年度だ。自家用車の世帯当たり普及率も1976年に0・5台を超え、2世帯に1台が保有する時代となった。

全国で9000km超に達している

高速道路総延長

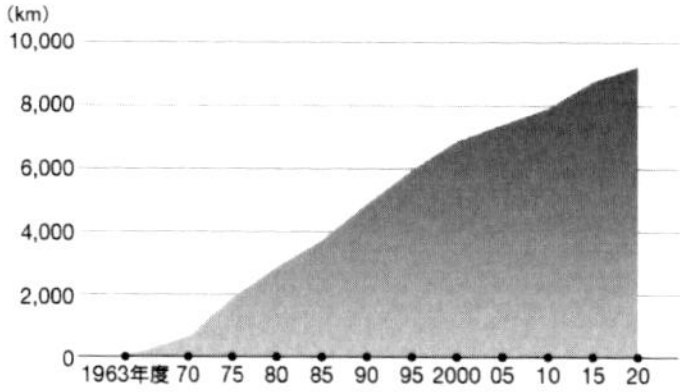

（出所）全国高速道路建設協議会編『高速道路便覧』などを基に東洋経済作成

40年以上前に「立場」逆転

鉄道と自動車の旅客輸送シェア

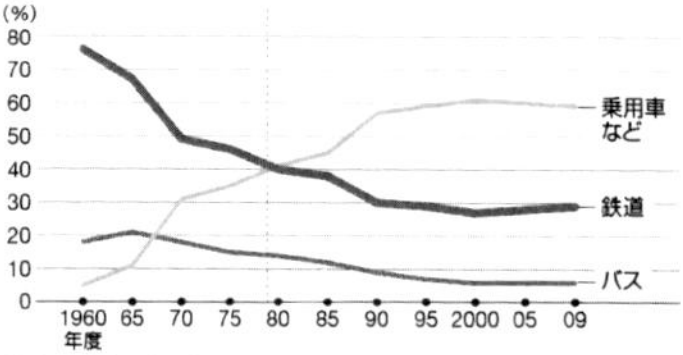

（注）2010年度以降は乗用車が調査対象から除外されたため割愛した
（出所）『国土交通白書』などを基に東洋経済作成

延伸で打撃を受ける鉄道

四国の例

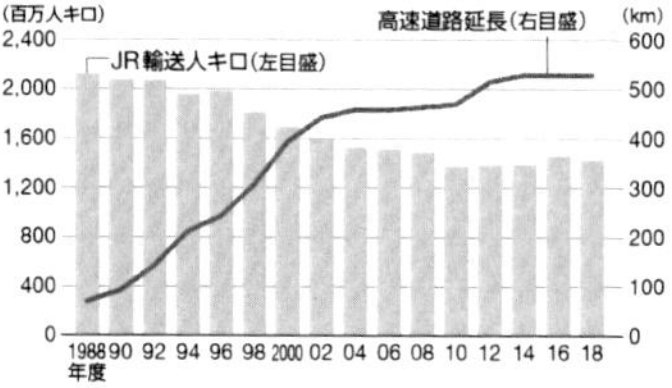

（出所）JR四国資料などを基に東洋経済作成

JR三島会社に打撃

延び続ける高速道路は、国鉄分割民営化後のJR北海道・四国・九州の「三島会社」に大きな影響を与えた。例えばJR四国の場合、瀬戸大橋が開通した1988年度には約70キロメートルにすぎなかった高速道路が、2000年度には約400キロメートルまで延伸。現在は500キロメートルを超え、島内主要都市を結んでいる。山岳路線が多いJR四国はカーブに強い振り子式特急を当初から投入したが、輸送人キロは近年こそ横ばいではあるものの、発足時と比べると大幅に減少した。

JR北海道も同じ状況にさらされている。発足時には167キロメートルだった道内の高規格幹線道路は、2020年には1183キロメートルに。札幌都市圏と並んで収益の柱である都市間特急列車を脅かす存在となっている。

鉄道と競合するのはマイカーだけではない。地方の路線バスが苦戦する一方、高速道路網の充実とともに、高速バスの存在感が各地で高まった。

在来線に対して高速バスが優位となっている区間は各地に存在する。例えば、仙台－山形間は東北自動車道・山形自動車道経由の高速バスがほぼ5～20分間隔で走る一方、並行するJR仙山線は、同区間を直通する快速列車が日中1時間に1本だ。首都圏にも高速バスが優位となった区間が存在する。東京－鹿島神宮間を結ぶ高速バス「かしま号」は、6時台から22時台までほぼ20分置きに運行。同区間を結んでいた在来線特急「あやめ」は2015年春のダイヤ改正で廃止に追い込まれた。もっとも、バスの運行会社にはJR東日本グループのジェイアールバス関東も含まれている。

ただ、鉄道は高速道路と競合する一方、同じ公共交通機関である高速バスとは連携する動きも広がっている。その1つはバスターミナルだ。16年、新宿駅南口に周辺の高速バス停を集約した「バスタ新宿」が鉄道やタクシーと接続する交通ターミナルとして整備された。国交省は現在、各地で鉄道やバスなどの結節点を整備する「バスタプロジェクト」を推進している。

さらに連携を深めている例もある。JR四国と徳島バスは2022年4月から、徳島県南部を走るＪＲ牟岐線の阿南 − 浅川間で、並行する高速バス（一般道走行区間）にＪＲの乗車券・定期券で乗車できる仕組みを導入した。列車本数の減少を並行するバスでカバーしようという狙いで、全国で初めての試みだ。

地方では必要不可欠な足となっているマイカー。高速道路網の発達が生活の利便性を向上させていることは確かだ。地方在来線は、はたして今後も生き残れるか。

（小佐野景寿）

鉄道駅より大人気な「道の駅」

ＪＲ大糸線は長野県と新潟県を結ぶ風光明媚なローカル線だ。小谷村の南小谷駅までは新宿から特急「あずさ」が乗り入れ、白馬などを訪れる観光需要がある。一方、同駅より北側、糸魚川方面は1両または2両のディーゼルカーが走るのみの非電化区間で利用者が極端に少ない。２０２２年2月には「廃止も視野」との報道が沿線自治体を困惑させた。

その沿線でも「道の駅　小谷」（１９９９年開業）は立ち寄る人でにぎわう。古くからの「塩の道」のルートを通る国道１４８号に面しており、週末はひっきりなしに車が出入りしている。姫川を挟んで約1キロメートル離れた場所に位置する無人駅のＪＲ北小谷駅に乗降客がほとんどいないのとは対照的だ。

道の駅小谷では、地元特産の山菜やそば、放牧地で育った「野豚」を食材にした料理が味わえるレストランが好評。内装に古民家の古木を使った売店や、露天風呂を備えた温泉施設も人気だ。白馬など長野の観光地を訪れる際に立ち寄る日本海側からの県外客が多い。

小谷村出身の富野岳文支配人は「村の観光はスキーブームが去って衰退した時期もあったが、道の駅が新たな拠点となり活気も生まれた」と話す。現在、繁忙期にはレストランの開店から閉店まで空席を待つ客が絶えないほどの盛況ぶりという。

地元ならではのグルメやお土産、温泉……。トイレ休憩にとどまらず、ドライブに欠かせない立ち寄りスポットとして、道の駅はテレビの情報番組や旅行雑誌でたびたび取り上げられる。

1993年4月に全国103カ所の登録で始まった道の駅は、2022年8月時点で1198駅まで増加した。北海道が127駅と最も多い反面、東京都が1駅、神奈川県が4駅と、人口密集地に少なく、鉄道駅と異なる特徴がある。

設置には24時間無料利用できる駐車場やトイレ、道路情報の提供などといった条件を満たしていることが必要だ。市町村が国土交通省に登録を申請する。メインとなる国交省のほか、特産品直売所・レストランには総務省や農林水産省、水素ステーション・電気自動車（EV）充電設備には経済産業省、太陽光発電などの再生可能エネルギー設備には環境省、といった具合に補助金・交付金の支援メニューが豊富にそろっている。

国交省は道の駅の進化を1993年以降の第1ステージ、2013年以降の第2ステージに続き、2020年から25年までを第3ステージと位置づける。第1ステージは「通過する道路利用者のサービス提供の場」にすぎなかったが、第2ステージでは「道の駅自体が目的地」となるようなコンセプトで整備、観光地としても注目されるようになった。第3ステージでは「地方創生・観光を加速する拠点」を目指す。とくに防災面では2004年の新潟県中越地震を転機に大規模な自然災害時の拠点としての役割が重視されるようになり、その後の東日本大震災や熊本地震でも道の駅が被災地の救援基地として活用された。今後はハード・ソフト両面で重点的に支援する「防災道の駅」を全国で100カ所ほど選定する予定だ。

全国で1198駅まで増加

登録駅数の推移

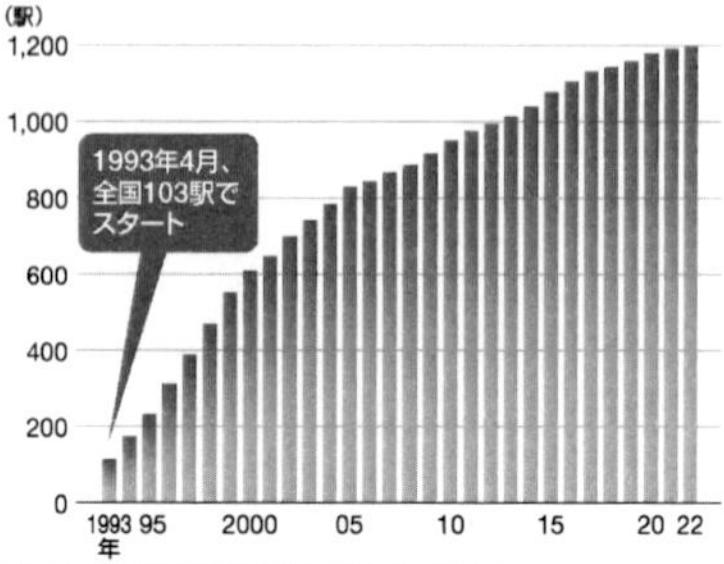

（注）各年の年末時点の登録駅数。2022年は8月時点
（出所）国土交通省の資料を基に東洋経済作成

北海道が最多、東京は1カ所のみ

都道府県別登録駅数ランキング

1	北海道	127	17	栃木	25	29	徳島	18
2	岐阜	56	〃	静岡	25	〃	香川	18
3	長野	52	〃	大分	25	〃	宮崎	18
4	新潟	42	20	山口	24	36	鳥取	17
5	岩手	36	〃	高知	24	〃	岡山	17
6	福島	35	22	鹿児島	22	〃	福岡	17
〃	兵庫	35	23	山形	21	39	茨城	16
〃	和歌山	35	〃	山梨	21	〃	富山	16
〃	熊本	35	〃	広島	21	〃	奈良	16
10	秋田	33	26	埼玉	20	42	長崎	11
〃	群馬	33	〃	滋賀	20	43	大阪	10
12	千葉	29	28	福井	19	〃	佐賀	10
〃	島根	29	29	宮城	18	〃	沖縄	10
〃	愛媛	29	〃	愛知	18	46	神奈川	4
15	青森	28	〃	三重	18	47	東京	1
16	石川	26	〃	京都	18			

（注）2022年8月時点　（出所）国土交通省の資料を基に東洋経済作成

マリオットも隣接に展開

全国道の駅連絡会事務局の落合直樹次長は「公共施設という安心感から『道の駅ブランド』が受け入れられてきた。今後は民間のアイデアも取り入れて発展させていくことが重要だ」と語る。

例えば、積水ハウスと米マリオット・インターナショナルは20年10月から、宿泊特化型ホテル「フェアフィールド・バイ・マリオット」を道の駅に隣接して展開している。館内にレストランを設けず、食事は道の駅の飲食施設などを利用してもらう。2022年10月時点で北海道から近畿地方にかけて18カ所を開業しており、2025年に26道府県で3000室規模とする目標だ。

一般道だけでなく、高速道路のサービスエリア・パーキングエリアの役割も担う。さらに国交省は、休憩施設がない空白区間の解消を目的として、29カ所を対象に次世代型自動料金収受システム（ETC）の搭載車が2時間以内であれば高速道路を一時的に退出して道の駅に立ち寄れる実証実験をしている。

鉄道とも親和性はある。「道の駅わっかない」とJR宗谷本線稚内駅、「まつだいふるさと会館」と北越急行ほくほく線まつだい駅のように鉄道の駅舎を併設した例や、鉄道駅のすぐそばに道の駅がある例は全国各地に見られる。

西九州新幹線の嬉野温泉の駅前にも道の駅が新たな街の玄関口としてオープンした。観光地としての目的地化に成功した道の駅には、ローカル線活性化のヒントが秘められているかもしれない。

（橋村季真）

【鉄道の生きる道】運賃改定に「バリアフリー」上乗せも

「値上げ」に走る鉄道各社の事情

2023年春は鉄道各社の間で運賃や特急料金などの値上げラッシュとなりそうだ。コロナ後も旅客数は元に戻らないとして鉄道各社は値上げへの理解を求めるが、生活必需品を中心に物価上昇が続く中での鉄道運賃の値上げは、家計をますます圧迫することになる。

これまでに各社が発表した運賃改定の方向性は次表に示すが、京成電鉄の子会社・北総鉄道が運営する北総線がこの10月から通学定期を中心に値下げしたが、これは例外中の例外。この春、小児ＩＣ運賃を一律50円にして「子育て家庭の家計にやさしい」と話題を呼んだ小田急電鉄ですら将来の運賃値上げを検討する。

2023年春に想定される
主な鉄道会社の運賃・料金の値上げ方針

会社名	内容	バリアフリー料金
JR東日本	10%割安なオフピーク定期券の導入目指す。通常の定期は1.4%値上げへ	◎
JR西日本	京阪神の一部区間で10～40円値上げ。在来線特急料金も値上げ	◎
JR九州	今年4月、在来線特急料金を見直し	
JR四国	普通運賃を12.5%、通勤定期を28.14%値上げ、全体の値上げ率は12.8%	
東武	運賃改定について検討したい	◎
相鉄	―	○
東急	初乗り運賃を10円程度値上げ。全体の値上げ率は12.9%	
京急	2023年度の運賃改定を検討	
京王	運賃の改定について検討	
小田急	必要に応じて運賃改定を検討	◎
京成	今年10月、北総線で通学定期中心に値下げ	
西武	基本的な運賃改定について中期的に検討	◎
東京メトロ	―	◎
名鉄	需要動向を見据えた運賃・料金のあり方を検討	
近鉄	初乗り運賃を20円値上げ。全体の値上げ率は17.0%	
西鉄	検討中	◎

(注)バリアフリー料金の◎は2023年春導入の方針、○は時期の明言はないが検討。鉄道会社の一部は略称
(出所)各社HPを基に東洋経済作成

各社の値上げ方針はいくつかのパターンに分けられる。まず、通常の運賃値上げ。現行の運賃制度では認可運賃の範囲内で自由に運賃を設定できるが、ほとんどの鉄道会社は認可運賃の上限を実際の運賃として設定している。そのため、運賃を上げようとすると、改めて運賃の認可手続きが必要となる。

早かったのが東急電鉄で、2023年3月の運賃値上げの認可を22年4月に取得。初乗り運賃を10円程度、全体では12・9%値上げする。これによって11・7%の増収を見込む。さらに9月2日には近畿日本鉄道の値上げが認可された。

JR東日本も運賃上限変更を申請中だが、その内容は他社と異なる。通常の定期券を約1・4%値上げすると同時に朝夕の混雑時間帯を除き乗車可能な定期券(オフピーク定期券)を導入する。オフピーク定期券は通常の定期券より約10%値下げすることで、利用者へ朝夕の混雑時間帯からのシフトを促し、混雑緩和につなげる。運賃の上げ幅と下げ幅のバランスを取ることで、全体としては値上げにならないようにするという。

混雑緩和でJR東日本にとってはピーク時間帯に合わせた列車配備などの負担が軽

くなり、コスト削減につながるというメリットがある。一方で、予想したほどピークシフトが起こらず、結果的にＪＲ東日本が儲かりすぎてしまう懸念も残る。そのため、「一定期間経過後に増減収の状況を検証する」というのが国の方針だ。

さらに、新たな制度が２０２１年１２月に創設された。ホームドアなど駅施設のバリアフリー整備を推進するための費用を運賃に加算するバリアフリー料金制度である。上乗せ幅はおおむね１０円。費用を運賃に加算するといっても実質的な値上げには違いない。認可は不要とあって、２３年春の導入を明言している会社も多い。表に記載の会社以外にも阪急電鉄や阪神電鉄も２３年春にバリアフリー料金を加算する方針を表明している。

なお、在来線の特急料金、座席指定料金、グリーン料金などはバリアフリー料金同様、認可制ではなく事前届け出制。ＪＲ西日本が在来線特急料金の値上げを計画している。

料金制度の見直し議論も

こうした動きとは別に、鉄道運賃や料金制度のより抜本的なあり方に関して国の検討会が議論を続けており、2022年7月26日に中間取りまとめ案が発表された。

現在の鉄道運賃は総括原価方式で算出される。これは列車運行にかかる電気代、線路の保守費用、車両などの減価償却費といった諸費用に支払利息、さらに適正な利潤を加えたもの（総括原価）を上限運賃が超えないように定めたものだ。要するに鉄道会社が不当に高額な運賃・料金を設定する可能性を排除するためのものだが、問題点も指摘されている。

例を挙げれば、現在の方式では車両などの減価償却期間が長いとその分だけ総括原価に含まれる額が少なくなり、中長期的に必要となる投資が早い段階で運賃に反映されない。このため、カーボンニュートラル対策や自然災害に備えたインフラ強化の前倒しといった鉄道会社の積極的な投資につながりにくい。

検討会の議論では、ＪＲ西日本がコロナ禍などの急激な減収局面に際して臨時の値上げができる仕組みの検討を求めたほか、ＪＲ九州は自然災害による被害などに際しては簡便な手続きで運賃改定できるよう求めた。また、鉄道や高速バスを運営するＷＩＬＬＥＲ（ウィラー）は、現行制度には創意工夫の余地がなく、マーケティング視点が必要だと訴えた。

中間取りまとめでは、当面は総括原価方式の算定方法を見直すものとし、将来的には運賃・料金制度そのものの見直しについて議論するという結論が出された。安全、安定という鉄道運行の本質を維持するための運賃値上げはやむをえないとしても、安易な値上げを防ぐためのチェックの仕組みは必要だ。

（大坂直樹）

「上下分離」や「交通税」で地域が支える

鉄道会社だけに頼らない「存続」の道

運賃値上げや駅の無人化、運行本数の削減——。地方路線に限らず鉄道の運営が厳しさを増す中、鉄道会社はさまざまな方法でコスト削減と収益の維持を図ろうとしている。一方で、これらの「自助努力」に任せるだけでは利便性の低下や廃線にもつながりかねない。鉄道会社だけに頼らず、地域が関与して支える仕組みが広がりつつある。

その一例は「上下分離方式」だ。沿線自治体など公的機関が線路や駅など「下」に当たるインフラ部分を保有し、鉄道会社は列車の運行に専念する方式だ。鉄道側には施設の維持管理費が必要ないため、経営上の負担が減る。欧州では一般的な方式で、近年は日本でも各地で採用例が増えている。

例えば東北新幹線に並行する青森県内の在来線を引き継いだ第三セクターの青い森鉄道は、2002年の発足当初から線路や駅などの施設を県が保有し、運行を同鉄道が担う。2022年9月に開業した西九州新幹線の並行在来線や、10月に全線復旧したJR只見線の一部区間も、線路など施設は自治体や公的機関が保有する形に改め、JRは運行のみを担当する。

2024年度に上下分離化を実施するのが、滋賀県の近江鉄道だ。1896年に創業した国内有数の歴史ある鉄道で、西武グループの一員。琵琶湖の東岸に広がる湖東平野に計59・5キロメートルの路線網を展開する。同鉄道は1994年以来営業赤字が続き、16年には県や沿線自治体に対して経営努力による維持は困難と表明。自治体や鉄道会社などによる協議の結果、2020年に上下分離方式での存続を決めた。

注目集める「交通税」

その滋賀県で、今後の地方路線維持のあり方に一石を投じるであろう議論が進んでいる。公共交通を支える財源を県税として確保しようという「交通税」（地域公共交通を支えるための税制）の導入の検討だ。公共交通の維持を目的とした新たな税制が実現すれば、日本で初の事例となる。

議論を牽引するのは、現在3期目の三日月大造知事だ。元ＪＲ西日本社員で運転士などを経験し、国会議員時代には国土交通副大臣を務めた経歴の持ち主で、交通政策への関わりは深い。2期目の任期中には、県税制審議会に交通税の導入可能性について諮問。同審議会は２０２２年３月、「新たな税制を設けることに具体的に挑戦」することを提言した。２２年7月の知事選では交通税導入の検討を公約に掲げて3選。今後、具体的な議論が本格化する見通しだ。

交通税の背景には、これまでの利用者負担による考え方では公共交通網の維持が困難になるという危機感がある。三日月氏は「これから人口減少が進んでいく中、利用者が支払う運賃で経営をやり繰りするモデルと、それを補助金で下支えするという形では、持続可能とはいえないのではないか」と指摘する。そのうえで交通税について、「既存路線の赤字に対する補助や補填よりも広い意味で、公共交通をよりよくするために幅広く負担を分担してもらうもの」と説明する。

具体的な制度設計や使途についての検討はこれからだが、「税金として負担するなら交通にはもっとこうしてほしい、言いたいことがある、といった、納税者の主体的な参画も促せる」（三日月氏）という点にも期待する。実は滋賀県の県民世論調査では、11年連続で不満度のトップが「公共交通」だ。県は現在、交通税の議論と並行して、今後の公共交通のあり方を示す「滋賀交通ビジョン」の見直しを進めている。

ただ、導入には課題も多い。JR琵琶湖線のように利用者数が多く、存続問題とは縁のない路線の沿線住民や、逆に公共交通が希薄な地域の住民たちの理解を得られるかがカギだ。

鉄道をはじめとする地域交通をいかに支えていくか。交通税の検討は今後、全国的な議論を巻き起こすかもしれない。


（小佐野景寿）

「公と民間の役割分担が重要」

滋賀県知事・三日月大造

地方交通の運営を利用者の運賃負担だけでなく税金で支えようという「交通税」の構想。どんな姿を目指しているのか、滋賀県の三日月大造知事に聞いた。

――交通税構想の発端は近江鉄道の存続問題ですか。

私は大学を卒業して鉄道会社に入って、その後国会議員を務め、交通問題は政治活動の中心課題、ライフワークと捉えてきた。公共交通をよくするための財源を等しく分担できないかということは、知事に就任したときからずっと考えていた。

――現状でも地方交通は税金による補助で支えられています。あえて交通税という形にする狙いは何ですか。

交通はある意味での社会的共通資本で、利用する人だけが対価を払ってメリットを受けるというだけではなく、地域の文化や福祉など広い意味での公共を形作る重要な要素。交通税という形で負担することになれば、維持する路線やサービスはよりよくしたいという意見も出てくるだろう。そういうコミュニケーションをしていきたい。

――滋賀県は都市化が進んだ地域が多く、とくに鉄道の存続問題が深刻な県ではありません。なぜ今、交通税の検討が必要なのでしょうか。

まさにそれが理由で、深刻化してからでは遅いから。厳しい状態になる前に、サービスの改善などさまざまな取り組みを進める財源があれば、違う未来も描ける。民間に任せているだけでは今後厳しくなっていくし、そのとき国に補助を求めても難しいかもしれない。滋賀は水上・陸上の交通で栄えてきた県。交通が便利だと街も元気になる。県にとって大切な政策を進めていくなら、自分たちで財源を持とうということだ。

――公共交通の運営を民間企業が担っている中で、新たな税金を投入して支えることには異論もありそうです。

交通税の使い先の具体的な検討はこれからだが、そこは重要なポイントで、例えば近江鉄道の上下分離化議論の過程でも浮上した。民間の力には今後も大いに期待したい。ただ、民間だけで支えるモデルでは難しくなっているのは事実。公が担う部分と民間の自由な発想でやる部分をうまくすみ分けして役割分担することが重要だと思う。

――滋賀の交通税検討を契機に、公共交通を支える税制についての議論が全国的に進むとみていますか。

進んでほしいと思うし、進めざるをえないだろう。まだ公共交通が頑張っている滋賀県でさえ検討するんだから（笑）。もっと厳しい所はよりシビアな議論になるだろうが、これ以上先送りせずにやったほうがいいと思う。

三日月大造（みかづき・たいぞう）

１９７１年生まれ。一橋大経卒。９４年ＪＲ西日本入社、運転士などを経験。２００３年衆議院議員当選、１０年国土交通副大臣、１２年から現職。

応募殺到！攻めに転じるファンイベント

以前はまるで学校の文化祭のように毎年の恒例行事だった鉄道車両基地の一般公開は、新型コロナウイルス感染拡大で一時、軒並み中止に追い込まれた。代わって鉄道各社が力を入れているのが、参加人数を絞って開催する有料のファン向けイベントだ。

東武鉄道は2022年8月20日、東武東上線で「ダイヤ作成教室」を開催した。対象は小学校3～6年生と保護者の約20組。列車運行の基本になるダイヤグラムを通して鉄道の仕組みに興味を持ってもらう考えだ。参加費は親子で7000円。参加者はまず、森林公園駅近くにある乗務管区でダイヤの基本を学ぶ。先生役はダイヤ作成に携わる〝スジ屋〟と呼ばれる社員だ。

後半は駅に移動して臨時列車に乗車。この列車は先ほど書き方を習ったダイヤのとおりに走るのが売りだ。普段は客を乗せて直通しない小川町から先の単線区間に入り終点の寄居に到着、折り返して坂戸まで運行した。車内はクイズ大会などで盛り上がった。

池袋から埼玉県の北西部へ延びる東上線は、通勤通学路線の性格が強い。ダイヤ作成教室の担当者、阿川亮太さんは「東上線のうちでもあまり乗車する機会がない単線区間の魅力を知ってもらいたいと企画した」と話す。

「救援車」まで駆り出す

東京都心と三浦半島を結ぶ京浜急行電鉄は2021年度までにイベントでの運用を前提とした「新1000形1890番台」を5本導入した。グループ会社の京急アドエンタープライズは、この車両を活用したツアーを毎月開催。「春キャベツの収穫体験」から鉄道ファン受けするコンテンツまで、ツアーごとにターゲット層は異なる。

9月に開催したのが、久里浜工場に貸し切り列車で乗り入れる車両撮影会だ。撮影対象は事業用車両の「デト」。遠くからも目立つ黄色の車体が特徴のレア車両だ。京急電鉄が保有するデトの編成3本を一度に撮影できる機会とあって鉄道ファンは見逃さなかった。料金は1人1万8000円と安くはなかったが、募集開始から4分で定員の90人が埋まった。

京浜急行電鉄の事業用車両「デト」の撮影会。3本並んだレアシーンをここぞとばかりにファンがカメラに収める

東武鉄道のダイヤ作成教室。東上線の単線区間を走る臨時列車に参加した小学生たちは興味が尽きない様子だった

2本のデトは事故のときに駆けつける救援車。通常なら起きてほしくない場面で登場する車両を起用した点がユニークだ。京急電鉄の小林右京さんは「鉄道の事情がわかる社内で自主的に企画を検討するので、あらゆる資産をつぎ込むことができる」と説明する。

小田急電鉄は、線路とダイヤを最大限に活用した。9月下旬の3連休、途中の行程を明らかにしない貸し切り列車のミステリーツアーを企画した。主役となる車両は箱根登山線で活躍した「赤い1000形」と、白いロマンスカーこと「VSE（50000形）」。どちらもすでに一線を退いている。

参加費は乗車のみの「ライト行路」が1万0900円、車両基地で並ぶ2編成の撮影会をプラスした「がっつり行路」は1万3900円。各日計220人を募集した。

小田原線の東北沢 − 和泉多摩川間は複々線で同じ方向に2本の列車が走れる。ツアーではこの複々線のメリットを生かし、通常の営業列車のダイヤの隙間を縫って、1000形とVSEが抜きつ抜かれつの「追いかけっこ」を披露。両列車が並走するとそれぞれの車内で歓声が上がった。その後も一方が駅に停車中にもう一方が通過、といった演出が終点・小田原まで続いた。小田急の担当者、曽我純司さんは「コロナ禍で運輸収入が落ち込む中、鉄道資産を活用してお客様が喜んで、お金を使ってもらえる企画を考えた」と語る。

各社の有料イベントで目立つのが車両の撮影会だ。初めて開催する事業者も出てきた。鉄道部門に貢献するほどの規模とはいいがたいが、何とか収益につなげようと知恵を絞った現場の社員のアイデアが生かされる機会はこれまで以上に多くなっている。

（橋村季真）

鉄道各社は有料イベントに力を入れている

2022年度4〜9月に開催した「車両撮影会」の例

開催月	鉄道会社	内容	参加費
4月	東急電鉄	8500系	8500円
5月	京阪電気鉄道	5000系	8000円
5月	江ノ島電鉄	108号・305号	8000円
6月	京王電鉄	8000系	4000円
6月	京成電鉄	3400形・3600形	6000円
7月	JR東日本高崎支社	211系	1万5000円
7月	近畿日本鉄道	団体専用車「あおぞらⅡ」	1万2000円
8月	JR北海道	キハ183系・キハ283系など	1万8300円
9月	JR東日本大宮支社	185系(5編成)	5万円
9月	JR東日本新潟支社	E2系・E7系新幹線	1万円

(注)参加費は大人1人の値段。一部はツアー代金　(出所)鉄道各社の資料を基に東洋経済作成

衰退か発展か、鉄道の「行き先」

全国的な人口減少や少子高齢化の進展に加え、コロナ禍によって「ドル箱」だった都市部の通勤通学輸送や新幹線・特急の需要が減退、さらに災害による不通も多発し、黒字路線の収益で赤字の地方路線を支えるという従来型の鉄道経営にはいよいよ限界が見えてきた。

現状のままでは鉄道の維持は困難――。野村総合研究所は2022年3月、路線別の収支状況を公表していないJR東海を除くJR旅客5社について、中長期的な鉄道事業の持続可能性を測る「鉄道維持指数」を発表した。

JR各社の「鉄道維持指数」

（2030年度・40年度）

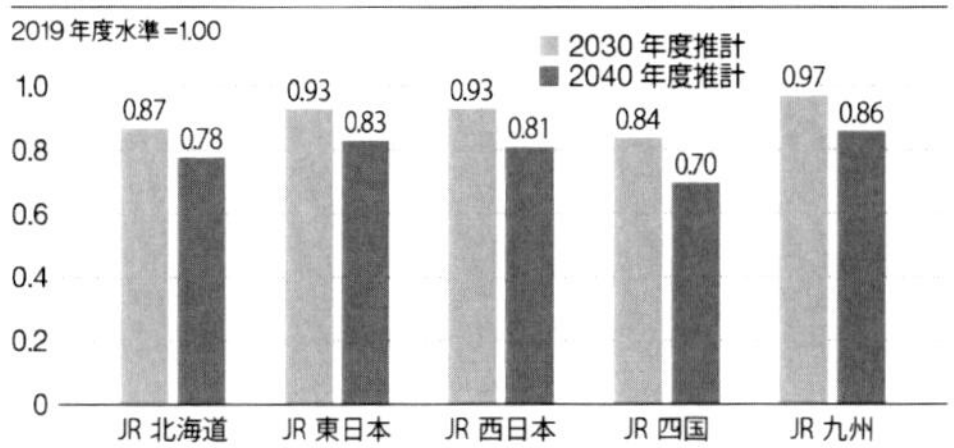

必要となる費用抑制額に相当する路線長

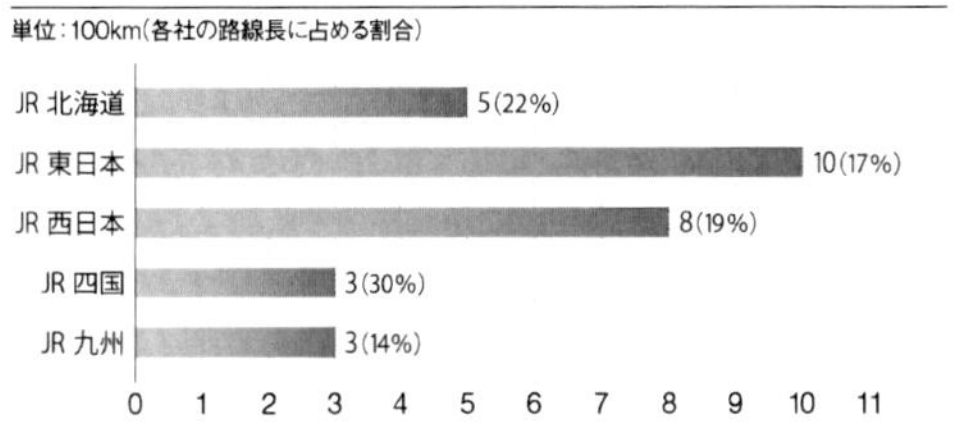

必要となる増収額に相当する鉄道運賃の値上げ

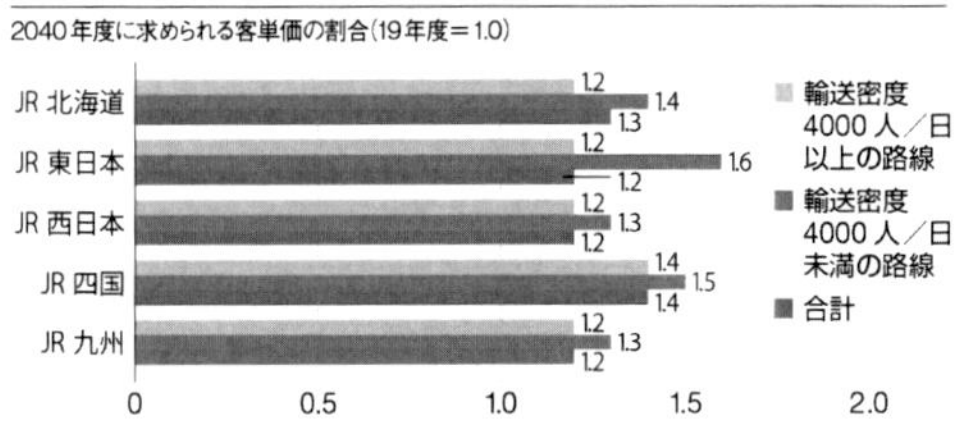

（注）路線別の利用状況を公開していないJR東海は試算から除外
（出所）野村総合研究所のデータを基に東洋経済作成

現行の運賃水準や路線網を前提に、人口減少やコロナ禍によるオンライン会議の普及、各社が公表しているコスト削減案などを踏まえて試算。2019年度の鉄道事業利益水準を1とし、2030年度、40年度の利益水準を示す指数だ。

例えばJR東日本の場合、40年度の指数は0・83。現状の利益水準を維持するには、高収益の首都圏路線網を抱える同社でも全体で1・2倍の値上げが必要と試算している。

またコスト削減で維持する場合、JR5社で「計2800キロメートルの路線長に相当する費用の抑制」が必要という。JR全線の旅客営業キロは約2万キロメートルなので、約14%の路線を削減しなければならない計算だ。野村総研コンサルティング事業本部アーバンイノベーションコンサルティング部シニアコンサルタントの川手魁氏は、「現在の仕組みで何も手を打たなかった場合、このくらいの路線を廃止しないと鉄道会社の利益水準を維持していくのは難しいとの結論だ」と説明する。

地方ローカル線の多くは、通学需要を除けば地域住民もほとんど利用していないのが実情だ。野村総研が2022年2月、JR東日本・西日本のローカル線29線区の住民約1万人を対象に実施したアンケートでは、75％が最寄りのローカル線を「ほぼ利用しない」と回答している。

一方でローカル線が「地域住民の心の支えになっている」との回答も52％に達した。野村総研プリンシパルの新谷幸太郎氏は、「廃止議論で反対運動が起きるのは、そういった『気持ち』によるところが大きいだろう」とし、「廃線が衰退ではなく、時代に合わせた新しい公共交通に変わっていくという姿を見せられるかどうかで、その意向も変わっていくのではないか」と語る。

BRTによる維持も

その1つの例は、駅など鉄道のシンボル的価値を生かしたBRT（バス高速輸送システム）だ。これは連節バスや公共車両優先システム、バス専用道などを組み合わせ、鉄道と比較して遜色のない輸送力と機能を有した交通システムのこと。ローカル線維持の一形態として注目を浴びている。

例えば東日本大震災で被災したJR気仙沼線・大船渡線が代表例で、豪雨災害で不通となったJR九州日田彦山線の一部区間も2023年夏にBRTとして再開予定だ。ただ、「利用されていなかった鉄道を単にBRTに切り替えても何も変わらない」と新谷氏は指摘する。現状の路線維持ありきではなく、ほかの地域交通や街づくりを含めた見直しも必要だ。


一方で、地域がコストを負担してでも鉄道の存続を選ぶ例もある。

例えばJR只見線だ。一時は廃止議論も浮上したが、復旧費用の大半を県と沿線自治体が負担することで運行再開を決断した。同区間の1日1キロメートル当たり平均利用者は49人で、鉄道として維持するには非常に厳しい数字だが、それでも地域は鉄道を選んだ。不通が続くJR九州の肥薩線も、地元は鉄道での復旧を求めている。

今後もしばらくは新幹線の延伸開業が続き、都市部では新路線の建設計画も複数ある。その一方で、地方では鉄道の存在そのものが消滅の危機に瀕している。鉄道開業から150年。鉄道会社任せでなく、国内の交通機関として鉄道をどう位置づけていくのか、本格的に問われる時代が到来している。

（小佐野景寿）

「イノトランス2022」世界の鉄道最前線

会場を1周すれば世界の鉄道業界のトレンドがわかる「イノトランス」。記者が向かった。

広い野外会場にずらりと並ぶ鉄道車両に多くの人が群がっている。ドイツのシーメンスやフランスのアルストム、さらに日立製作所といった大手車両メーカーが開発した最新の車両だ。

ドイツのベルリンで2年に1度開催される国際鉄道見本市「イノトランス」は、世界中の鉄道関係者が集結する世界最大の鉄道イベント。会場となるメッセベルリンのマルティン・エクニッヒCEO（最高経営責任者）は、「明日製品化される技術が集結している。会場をぐるりと回れば鉄道業界の進む方向が見える」と胸を張る。会場内は新製品の売り込みだけでなく、参加者同士が近況を知らせ合うなど情報交換が活発だ。

これが イノトランス だ

InnoTrans 2022

メーカー各社が出展した最新の鉄道車両がズラリと並ぶイノトランスの屋外会場

1日立の新車。鉄道会社への納入式が行われた 2中国中車の最新電気機関車 3シーメンスの水素燃料電池列車 4シーメンスのブース 5アルストムのブース。多くの関係者が情報交換に余念がない 6クロアチアのメーカー、コンカー製の新型路面電車 7高所作業用の安全対策製品 8ドイツ鉄道が開発する4足歩行ロボット 9会場を彩るイベントコンパニオンたち

2020年は世界的なコロナ禍の影響で中止となり、今回は4年ぶりの開催。「2年に1度の開催でもIT（情報技術）の進化ぶりに驚かされるのに、今回は4年ぶり。どんな進展を目にすることになるのか楽しみだ」と、日本鉄道システム輸出組合の村崎勉専務理事は期待を寄せる。

「会場で実際に製品に手を触れることができる。この体験に勝るものはない」。9月20日の開会式でエクニッヒCEOがこのようにあいさつしたが、続いて壇上に立った欧州委員会のアディナ＝イオアナ・バレアン運輸担当委員の発言で空気が一変した。「私の仕事場のブリュッセル（ベルギー）からベルリンまでの距離は750キロメートルだが、列車での所要時間は7時間。時間がかかりすぎだ」。

EU（欧州連合）は2050年までの温室効果ガス実質排出ゼロ達成を目標として掲げる。自動車や航空機に比べると鉄道は1人当たり排出量が圧倒的に少ない。そのため、EUは高速鉄道網の整備や鉄道貨物輸送を強化し、鉄道にシフトさせる政策を打ち出す。「ブリュッセルとベルリンが高速鉄道で結ばれれば3時間で移動できる。

多くの人が航空機から鉄道にシフトする」（バレアン委員）。

だが、その取り組みは遅々として進まない。信号などのインフラ規格が国により異なるため国境越えが支障となる。バレアン委員は会場にいる鉄道会社やメーカーのトップたちを前に「誰かが自発的に最新技術を鉄道に搭載してくれるわけではない。皆さんが野心的に鉄道への投資を行うことが必要だ」と呼びかけた。

世界の潮流は環境性能

会場を1周するとトレンドが見えてくる。時速350キロメートル級の速度性能を誇る営業用高速列車の実物展示はなく、主役は日本でいえば通勤電車や特急列車に相当する車両だ。どの車両も環境性能の高さをアピールする。シーメンスは水素燃料電池車両を展示、2024年にベルリン郊外での運行を計画する。「これが気候変動問題に対する私たちの答えだ」とプロジェクトマネジャーのマシアス・ベルクホーファ氏が誇らしげに話す。

もっとも、水素燃料電池車両ではアルストムが先行。2016年のイノトランスで車両も公開済み。18年には営業運行を開始している。今回ようやく両雄が並び立った。

日本勢では日立が気を吐く。同社もJR東日本の水素燃料電池車両の開発に参加するが、今回会場に持ち込んだのは電気、ディーゼル発電、蓄電池を組み合わせた3モード車両。「二酸化炭素排出は従来車両の半分にできる」とプロジェクトを担当した日立レールイタリアのアルカンジェロ・フォルネリ氏が話す。

水素燃料電池列車の運行には水素を供給する水素ステーションの設置が不可欠で、これなしでは水素燃料電池列車の普及は絵に描いた餅となる。その点、大がかりなインフラが不要な日立の車両は環境対策としては現実的な解決策といえる。ただ、温室効果ガスの排出がゼロというわけではないので、決定打とはいえない。

中国も近年のイノトランスで次第に存在感を高めている。急速に進む国内の鉄道建設を背景に今や世界最大の車両メーカーとなった中国中車はハイテク電気機関車を展示した。「環境性能の高さに加え、複数の電力システムを備える。欧州各国での相互直通運転が可能だ」（中国中車ドイツ事務所のリアン・タン次長）という。

初参加の日本企業も

ほかの日本企業の状況はどうか。川崎重工業、東芝などの姿は会場になかった。毎回、日本企業が多く連なるブースは、スペースの半分が会議室に。一方、この機を利用して以前にも増して海外に売り込みをかける企業もある。

ＪＲ東日本グループの総合車両製作所は、不参加のＪＲ東日本に代わり単独で初参加。同社は山手線Ｅ２３５系など日本国内向けの製造が多いが、２０年に受注したフィリピン・マニラ地下鉄向け車両の模型を会場の最も目立つ場所に据えた。「これからは海外に力を入れたいという意味を込めた」（同社海外事業本部の中村裕樹課長）。

信号大手の日本信号は、塚本英彦社長が自らブースに立ち、訪れた見学者の質問に対応。会場には同社がＪＲ西日本などと開発中の「人型重機ロボ」の写真が展示され、来訪者を驚かせる。もっとも、来場者の関心が高いのは「ＳＰＡＲＣＳ（スパークス）」

という無線通信による列車制御システム。一般的には「ＣＢＴＣ」と呼ばれ、各社が売り込みにしのぎを削る。「スパークスの強みはロバスト（頑健）性」と塚本社長は自社製品の優位性を強調する。

鉄道業界の中で一見、場違いに思える会社もあった。ベビー用品メーカーのコンビウィズである。東海道新幹線の車両の一部のトイレに設置されているおむつ替えシートやベビー専用チェアを製造している。韓国の高速鉄道ＫＴＸの車両にも同社のおむつ交換台が設置されている。「さらに海外で伸ばしたいと思い初参加した」（同社ＢＣＳ海外事業部の菊井俊博主席）。とはいえ、欧州では燃焼試験規格をはじめとする鉄道の技術規格が日本と違うなど、仕様には違いがある。「仕様決定や設計には苦労しているが、ぜひやり抜きたい」と菊井氏は話す。

「鉄道は古典的な交通手段だが、ＩＴを活用すれば時代の先端を行く交通手段になる」とドイツのデジタル・交通相を務めるフォルカー・ヴィッシング氏が話す。各メーカーが得意とする技術を活用することにより、世界の鉄道にますます磨きがかかる。

（大坂直樹）

「日本に期待したいこと」

ウクライナ鉄道CEO・オレクサンドル・カムイシン

ロシアとの戦時下においてウクライナ鉄道が果たす役割が高まっている。鉄道は欧州諸国へ避難する人々の交通手段であるほか、医師や医療機器をのせ戦傷者を救急搬送する医療列車も運行する。これまで海運がメインだった小麦やトウモロコシといった穀物の輸出は、海上封鎖により貨物列車による輸送が重要性を増す。

一方で、鉄道はつねに攻撃の危機にさらされている。しかし、破壊された鉄路にはすぐにウクライナ鉄道の作業員が駆けつけ、復旧作業に着手。作業期間中は迂回ルートを確保して運行を維持する。通常ならこうした指示は本部の運行指令所から行われるが、ここを攻撃されると運行がマヒしてしまう。そのため、ロシア軍が位置を把握できないよう、指令所の場所をつねに変える。列車の中から指示を出すこともある。そんな厳しい状況下で同社のオレクサンドル・カムイシンCEO（最高経営責任者）がイノトランスに姿を見せた。

——来訪の理由は？

ウクライナ鉄道がEU（欧州連合）の鉄道網の一部になるということを皆に知らせるためだ。ドイツ鉄道と提携することでそれが実現する（注：インタビュー前日の9月20日、ウクライナ鉄道とドイツ鉄道は業務提携覚書に調印した）。

現状は困難ではない

——提携の内容は？

EU諸国の軌間幅は1435ミリメートル、ウクライナの軌間幅は1524ミリメートルと異なるが、ドイツ鉄道の支援により、貨物列車が走る主要路線については欧州とウクライナの間で貨物輸送が現在よりも容易になるシステムを構築する。どのような仕組みにするかはこれから検討するが、欧州の貨物列車によるウクライナへの乗り入れを念頭に置いている。より大型で多くの量を搭載できるウクライナの貨車が欧州諸国に乗り入れできるようにすることも検討したい。

――現状の鉄道運営の困難ぶりを教えてほしい。

まったく困難ではない。もちろん、戦争が始まった当初は大変だった。攻撃を受けている中で新しい運行手法に移行することが簡単であるわけがない。しかし、現在はわれわれの誰もが何をやるべきかを明確にわかっている。安全な運行という鉄道の使命はまったく変わりない。とはいえ、開戦以来これまでに従業員のうち244人が命を落とし、425人が負傷した。

――日本に期待したいことは?

2つある。1つ目は経験の共有だ。日本は戦後、すばらしい復興を遂げた。そして

2011年3月の東日本大震災とそれに伴う福島第一原子力発電所の事故という困難も乗り越えた。戦争や震災という危機から復活したその経験は国家にも鉄道にも役立つものだ。もう1つは、私たちの側にいてほしいということだ。私たちを支持してほしい。それだけでも大きな励みになる。

（聞き手・大坂直樹）

オレクサンドル・カムイシン（Alexander Kamyshin）

従業員25万人の国営企業のトップに似つかわしくないカジュアルないでたちは、Tシャツ姿でおなじみのゼレンスキー大統領譲りだ。

【週刊東洋経済】

本書は、東洋経済新報社『週刊東洋経済』2022年10月15日号より抜粋、加筆修正のうえ制作しています。この記事が完全収録された底本をはじめ、雑誌バックナンバーは小社ホームページからもお求めいただけます。

小社では、『週刊東洋経済 eビジネス新書』シリーズをはじめ、このほかにも多数の電子書籍ラインナップをそろえております。ぜひストアにて「東洋経済」で検索してみてください。

『週刊東洋経済 eビジネス新書』シリーズ

No.411　企業価値の新常識
No.412　暗号資産&ＮＦＴ
No.413　ゼネコン激動期
No.414　病院サバイバル

No.415　生保　最新事情
No.416　M&Aマフィア
No.417　工場が消える
No.418　経済超入門　2022
No.419　東証　沈没
No.420　テクノロジーの未来地図
No.421　年金の新常識
No.422　先を知るための読書案内
No.423　欧州動乱史
No.424　物流ドライバーが消える日
No.425　エネルギー戦争
No.426　瀬戸際の地銀
No.427　不動産争奪戦
No.428　インフレ時代の資産運用&防衛術

No.429　人口減サバイバル
No.430　自衛隊は日本を守れるか
No.431　教員不足の深層
No.432　ニッポンのＳＤＧｓ＆ＥＳＧ
No.433　独走トヨタ　迫る試練
No.434　変わる相続・贈与の節税
No.435　東芝の末路
No.436　食糧危機は終わらない
No.437　ゼネコン　両利きの経営
No.438　すごいベンチャー２０２２〔前編〕
No.439　すごいベンチャー２０２２〔後編〕
No.440　宗教　カネと政治

週刊東洋経済eビジネス新書　No.441
岐路に立つ鉄道

【本誌（底本）】
編集局　小佐野景寿、大坂直樹、森　創一郎、橋村季真
デザイン　小林由依、藤本麻衣、鈴木勇考
進行管理　平野　藍
発行日　２０２２年１０月１５日

【電子版】
編集制作　塚田由紀夫、長谷川　隆
デザイン　大村善久
表紙写真　ＪＲ九州（提供）
制作協力　丸井工文社

発行日　２０２３年１２月２１日　Ver.1

発行所　〒１０３-８３４５
東京都中央区日本橋本石町１-２-１
東洋経済新報社
電話　東洋経済カスタマーセンター
０３（６３８６）１０４０
https://toyokeizai.net/

発行人　田北浩章

電子書籍化に際しては、仕様上の都合などにより適宜編集を加えています。登場人物に関する情報、価格、為替レートなどは、特に記載のない限り底本編集当時のものです。一部の漢字を簡易慣用字体やかなで表記している場合があります。本書は縦書きでレイアウトしています。ご覧になる機種により表示に差が生

※本刊行物は、電子書籍版に基づいてプリントオンデマンド版として作成されたものです。